Christine Derfler / Monika Krautgartner

# BARE MÜNZE

»Den Schilling wieder finden«

Christine Derfler / Monika Krautgartner

# BARE MÜNZE

## »Den Schilling wieder finden«

Fotografie: Christine Derfler
Text: Monika Krautgartner

ENNSTHALER VERLAG, 4400 STEYR

Ennsthaler Gesellschaft m.b.H & Co KG, 4400 Steyr
www.ennsthaler.at

Foto: Christine Derfler
Text: Monika Krautgartner

Grafische Gestaltung/Kern: House of Media, Ganglmayer&Traxl OEG
www.house-of-media.net

ISBN: 3-85068-611-6

# Inhaltsverzeichnis

Wir danken für die Förderung und Unterstützung:

Österreichische Nationalbank
4020 Linz
Coulinstraße 28

GSA-Geldservice Austria
4020 Linz
Coulinstraße 28

Münze Österreich AG
1030 Wien
Am Heumarkt 1

Schöller Münzhandel GmbH
1010 Wien
Renngasse 14

Firma Enzesfeld-Caro Metallwerke AG
2551 Enzesfeld-Lindabrunn
Fabriksstraße 2

Firma Buntmetall Amstetten GesmbH
3300 Amstetten
Fabrikstraße 4

Firma Thermofloc-Seppele Peter GmbH
9710 Feistritz/Drau
Bahnhofstraße 79

Firma Haidlmair
4542 Nussbach
Haidlmairstraße 1

Firma Pointner
Mozartstraße 43
4020 Linz

Firma Zeilermayr
Kirchenberg 27
4460 Losenstein

Herr Wu Shaoxiang
Haberlweg 5
9065 Ebenthal

Mag. Kolarz-Lakenbacher
Prager Fotoschule/Österreich
Euregio FOTO College
4292 Kefermarkt

Joachim Eckl
4120 St. Ulrich im Mühlkreis
Unterberg 6

# Vorwort

Dr. Roland Girtler
Univ.-Prof. am Institut für Soziologie
der Universität Wien

## Die Faszination des Geldes

»Pecunia non olet« – Geld stinkt nicht – mit diesen Worten wollte der römische Kaiser Vespasian seinem Sohn Titus klar machen, dass es keine Schande sei, von den Bewohnern Roms für die große Kloake in Rom, also den Kanal, Steuergeld einzuheben. Und tatsächlich, egal wie es erworben wird, übt Geld eine unglaubliche Faszination auf den Menschen, auf Kaiser und Fürsten, auf brave Philosophen und auf Bettler aus, allerdings mit wenigen Ausnahmen. Aber ein Minimum an Geld benötigen auch jene Leute, die so tun, als würden sie es verachten, wie der berühmte Diogenes, er brauchte zumindest Geld für sein Fass, in dem er lebte.
Geld kann Ansehen und Macht verschaffen. Es kann den Menschen beglücken, ihn aber auch in die Verderbnis ziehen.
Die moderne Welt ist eine Welt des Geldes, es hat dauernd verfügbar zu sein. Diese Welt steht in Widerspruch zur alten bäuerlichen Kultur, die in den letzten Jahrzehnten allmählich verschwand. Diese benötigte kaum Geld. In seinem großartigen Buch »Jakob der Letzte« schildert Peter Rosegger das Schicksal von Bauern, die sich von reichen Fabrikanten dazu bewegen ließen, ihre Höfe gegen Geld zu verkaufen. Rosegger lässt Jakob, als ein Bauer ihm sagte: »Ja, wenn das viele Geld nicht wär!«,

dies sagen: »Das Geld und jetzt auf einmal das Geld. Haben wir Bauern jemals nach Geld so viel gefragt ? Haben wir ein´s, ist´s gut, haben wir kein´s, leben wir auch so, arbeiten vielleicht lieber und schlafen besser. Was wir brauchen, das wächst auf unserem Grund: das Brot auf dem Feld, Milch und Butter auf den Wiesen.«
Heute benötigt der Bauer Geld, Geld bestimmt das moderne Leben. Es kann Glück bedeuten, aber auch, wie Jakob meint, Unglück.
Es ist übrigens bemerkenswert, dass das geläufige Wort für »pekuniär« (»geldlich«) vom lateinischen »Pekunia« , das heißt Geld , stammt. Im Pekunia steckt das Wort »pecus« für Kleinvieh. Im Sinne der alten bäuerlichen Kultur hat man also mit »Kleinvieh« und ähnlichen Sachen sich jene Dinge eingetauscht, die man so für das tägliche Leben brauchte.
Erst das Abgehen von der bäuerlichen Kultur machte das Geld in unserem Sinn notwendig. Mit dem Mittel des Geldes, ein an und für sich wertloses Stück Metall oder Papier, dem wir einen bestimmten Wert beimessen, können wir etwas erwerben, das wir benötigen oder das uns Freude macht wie ein Fahrrad oder ein Zechgelage in einem guten Gasthaus. Und insofern schafft Geld, das wir durch unsere Arbeit erwerben, so etwas wie Zufriedenheit oder ein Gefühl des Genusses.
Zum Problem wird Geld dort, wo nur mehr das Geld als solches, als etwas Abstraktes, das mit dem Leben als solchem nichts oder nur sehr indirekt zu tun hat, gesehen und es damit zum Selbstzweck wird.
Das Geld dient so dem Geldgierigen als Endzweck. Der Genuss besteht darin, Geld für sich zu besitzen. Ganz im Stile des freundlichen Dagobert Duck, der zur Verwunderung seiner Großneffen regelmäßig im Geld Schwimmübungen durchführt und es brav hortet, anstatt es im Sinne seiner Neffen auszugeben, um diesen oder sich zu einem Festessen einzuladen. Der Geizige liebt das Geld wie man einen sehr verehrten Menschen liebt.
Und hierin liegt das Problem des Geldes. Weiß man dies, so hat man die Chance, mit dem Geld, mit seinen Scheinen und Münzen, elegant und großzügig zu leben. Ganz im Sinne des römischen Spruches: »Wer Geld hat, segelt mit günstigem Winde«.

# Vorwort

Gen. Dir. Dietmar Spranz
»Münze Österreich AG«

Psychologie des Geldes

Das vorliegende Buch spiegelt zumindest in weiten Teilen die »Psychologie des Geldes« wider. Das beginnt beim Titel: Warum »Bare Münze« und nicht »Bare Münzen und Banknoten«?

Tatsächlich war es eine interessante Erfahrung bei diesem Übergang von 12 nationalen Währungen zu einem gemeinsamen einheitlichen Geld, dass die öffentliche Diskussion und das Interesse der Medien vorrangig auf die Münzen gerichtet war. Dabei macht der Wert der etwa 2 Milliarden österreichischen Euro-Münzen von cirka 800 Millionen Euro nur einen Bruchteil des Wertes der für die Ausgabe in Österreich hergestellten Banknoten aus. Aber natürlich sind die Münzen voluminös und ziemlich schwer – etwa 10.000 Tonnen; jedenfalls mit Banknoten gleichen Wertes in keiner Weise vergleichbar.

Offenkundig ist es die Vorstellung des sinnlichen Erlebens, assoziiert mit dem Verhalten eines Dagobert Duck, die der »baren Münze« eine größere Faszination verleiht als dem Papiergeld; mit diesem kann man vielleicht herumwerfen, in klingender Münze zu wühlen hat aber sicher einen größeren Reiz. Diese stärkere persönliche Beziehung der Bürger zum Münzgeld war wohl auch einer der Gründe, dass man diesem Zahlungsmittel eine nationale Seite belassen und das Erscheinungsbild nicht

wie bei den Banknoten völlig vereinheitlicht hat.
Was ist vom Schilling geblieben? Fast drei Milliarden Münzen, gut 8.000 Tonnen, wurden gegen Euro gewechselt, entwertet (»verstaltet«) und als wertvolles Legierungsmetall verkauft. So könnte uns der Schilling beispielsweise als Bestandteil einer modernen Kücheneinrichtung oder einer Schiffsreling begegnen, ohne dass wir ihn natürlich zu erkennen vermögen. Weitere 3,9 Milliarden Schilling- und Groschenmünzen sind aber noch immer irgendwo im In- oder Ausland vorhanden - gesammelt, verloren, vergessen. Nur ein Bruchteil davon wird während der zeitlich unbegrenzten Einlösungsfrist in Euro umgetauscht werden, das Schicksal aller anderen Münzen sei unserer Phantasie überlassen.
Der Schilling hat aber auch in den österreichischen Euro-Münzen eine Fortsetzung gefunden. Es gehörte jedenfalls zu den interessantesten Erfahrungen dieser Umstellung, dass alle Künstler, die am Wettbewerb zur Gestaltung der neuen Münzen teilgenommen haben, die Anregung, dass Designelemente des Schilling-Geldes für die österreichische Seite der Euro-Münzen Verwendung finden können, aufgegriffen und geradezu als Auftrag verstanden haben. Und so finden sich Mozart, Bertha von Suttner und das Edelweiß auf den Euro- und Cent-Münzen wieder.
In historischen Dimensionen betrachtet, war die Lebenszeit des Schilling mit insgesamt siebzig Jahren eine eher kurze. Ob sie ausreichend war, um ihn im (Unter-) Bewusstsein der Österreicher so zu verankern, wie das bei Heller und Pfennig, Thaler oder Krone der Fall ist, die bis heute in Sprichwörtern und Redensarten erhalten geblieben sind, lässt sich wohl nur schwer vorhersagen. Das vorliegende Buch ist aber jedenfalls ein Beitrag dazu, zumindest erste Ansätze für eine Beantwortung auch dieser Frage zu finden.

Gelesen wurde/Literaturempfehlung/Quellnachweis:

Internet: http://www.geldmuseum.at
Ernst Hofbauer, »Das war der Schilling«, Ibera Verlag, Wien
Klaus Liebscher und Wilfried Seipel (Herausgeber), »Vom Schilling zum Euro«,
Skira, Österreichische Nationalbank.

## Bare Münze

»Den Schilling wieder finden«

Es nicht für bare Münze nehmen, fällt schwer.
Wir haben an sie geglaubt; an sie, die Münze, der so viel Eigenleben
inne war, dass sie einen Namen trug.
»Nenn meinen Namen,« schien sie zu ersehnen, »nenn meinen Namen«.
Das Unausgesprochene erfüllte sich.
Durch das geldlüsterne Wispern an dunklen Orten.
Durch lautes Herausschreien in frohen Momenten.

SCHILLING

Sie, die Münze, trug einen Namen.
Er, der Schilling, trug ihn in die Welt.
Seinen Ruf.
Einen, der in aller, auch internationaler Munde wohlgelitten war.

Schilling hieß er und Schilling zu sein, war seine Natur.
Bare Münze war er.
Bare Münze und wirtschaftliche Wahrheit in einem Land, das Heimat
für Mozart und Freud war.

Wir haben ihn als Feste in der Zeit des Wankelmutes als unser eigen betrachtet.
Als unvergänglich, weil Produkt vieler Hände gelohnter Arbeit.
Wer wollte da sagen, der Schilling müsse sterben in unseren Börsen und Hirnen?
Er, der so viel Leben in sich trug, so viel Leben ernährte und kleidete?
Heime war er im Stande zu schaffen.
Glückseligkeit und Hochzeitskleider garantierte er an Freudentagen.
Er war uns gut genug.
Wir waren gut genug.
Gut genug, für die bare Münze alpenländischer Realität.

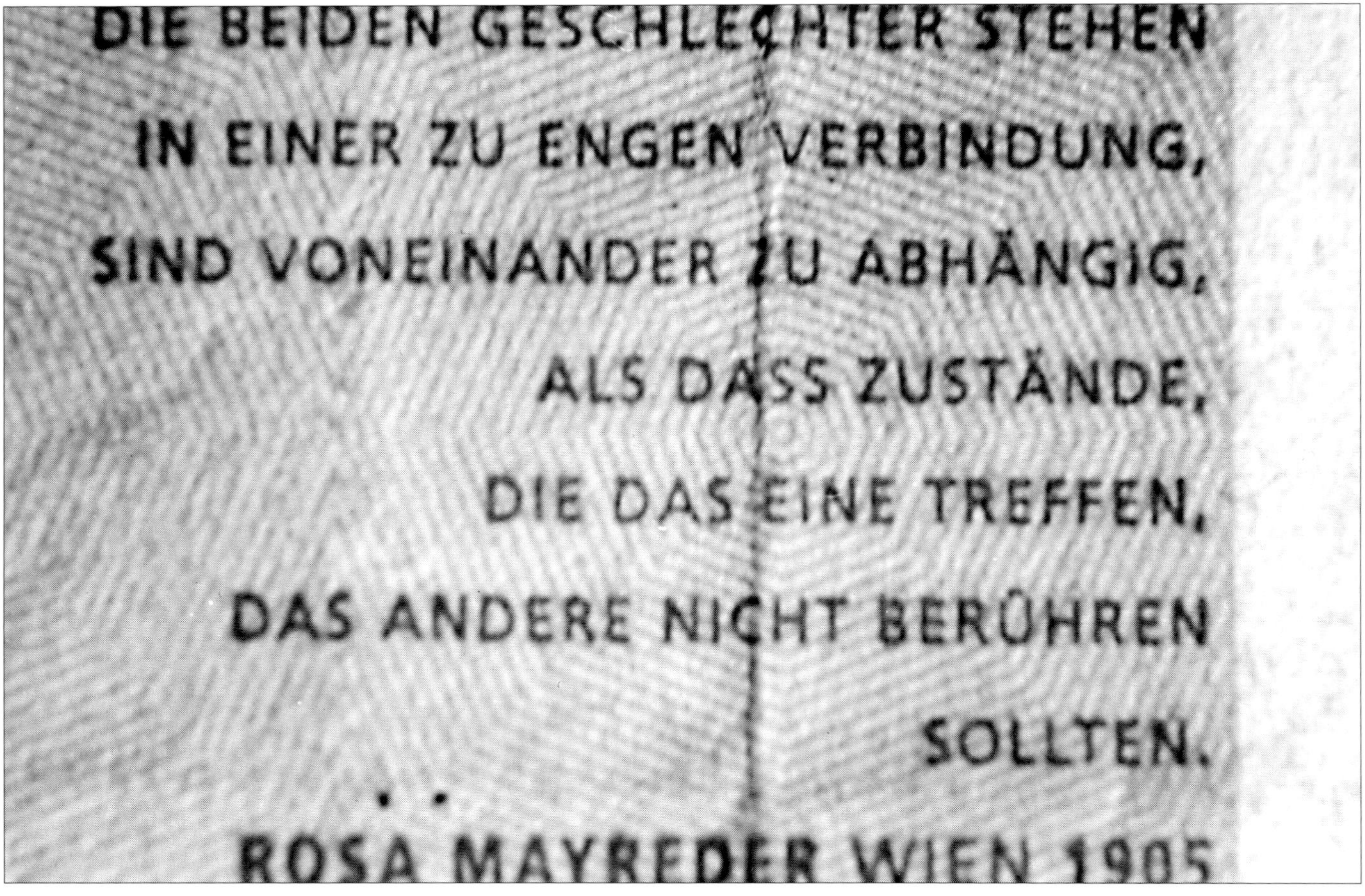

DIE BEIDEN GESCHLECHTER STEHEN
IN EINER ZU ENGEN VERBINDUNG,
SIND VONEINANDER ZU ABHÄNGIG,
ALS DASS ZUSTÄNDE,
DIE DAS EINE TREFFEN,
DAS ANDERE NICHT BERÜHREN
SOLLTEN.
ROSA MAYREDER WIEN 1905

Verlassen hätte er uns freilich aus freien Stücken nie.
Seine bockige Eigenart bedenkend (nie hat er sich an internationalen Weicheiereien auch nur am Rande beteiligt), stand er für uns ein, zeigte Ehre und Ertrag unserer kleinen Republik auf einer vielbewunderten Galerie.
Nach oben den Blick zu richten hieß es, wollte man den Schilling sehen.
Bare Münze in Zeiten der Unbarkeit.

AKADEMIE DER WISSENSCHAFTEN

Nun bist du unbar geworden, Schilling meines bisherigen Lebens.
Dein Glanz ist plötzlich ein sinnloser - wer würde schon nach dir greifen,
jetzt, wo du nicht mehr bare Münze bist?
Wer will noch von dir träumen, außer jenen Nachtgestalten im
Zwischenreich von Phantasie und Alterswehmut?

SIGMUND FREUD
50
50

Die eine oder andere vielleicht träumt noch von dir.
Macht dich zu barer Münze, stillheimlich, um nicht der öffentlichen Verlachung preisgegeben zu sein, in seinen Träumen.

Vielleicht ist es wichtig, dir auch jetzt, wo du nicht mehr bare Münze bist, in Treue zu begegnen.
Aus meinem Kopf verschwindest du nicht.
»Nenn meinen Namen«
Gern will ich es tun.
Er soll nicht verloren gehen, soll bare Münze bleiben, zumindest in meinem Kopf.
»Schilling«
Und auch deine Kinder will ich benennen.
»Groschen«

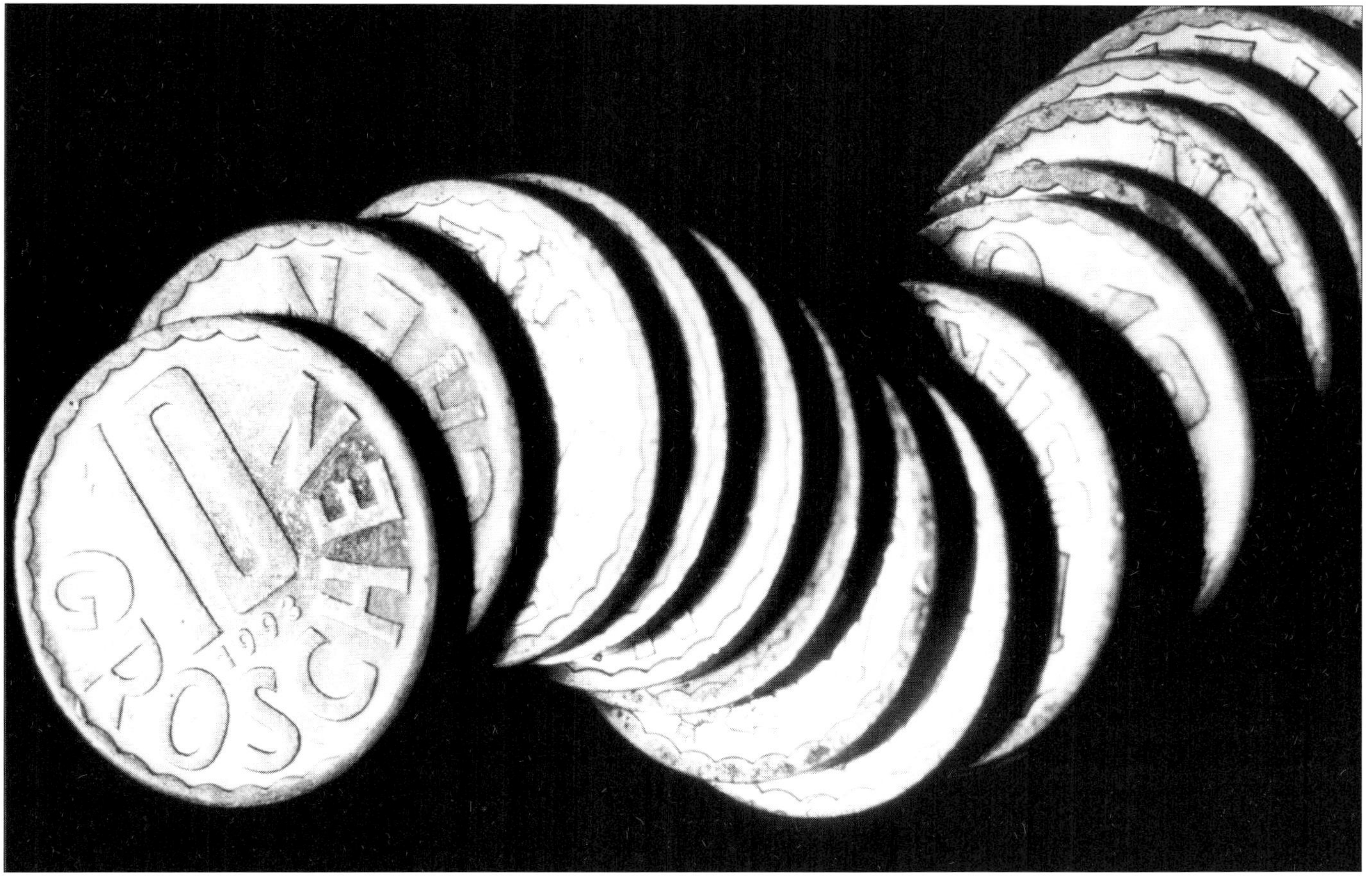
10
GROSCHEN

»Auf Wiedersehen« als Gruß zu irreal, zu vermessen?
Nein.
Sehen kann ich dich, sooft ich will.
Das tröstet mich, bare Münze.
Das tröstet wahrhaftig, Schilling.

REPUBLIK ÖSTERREICH
1
SCHILLING
1996

## Besessen

Besessen wurde er, wahrhaftig.
Und nun, da er nicht mehr bare Münze ist, ist er dennoch wahr, wird besessen und schafft Besessene.
Vom Schilling besessen.
Sind nicht von jeher Künstler Besessene?
So ist der Rutenschlag vom Schilling zum Kunst-, wenn nicht neuerlich Kultobjekt ein denkbar kleiner.
Wenn schon nicht mehr Zahlungsmittel, so doch zumindest Mittel um bezahlbar zu werden, bezahlt zu werden.
Angebetet, begehrt.
Nunmehr glänzendes Kunstobjekt.

MÜNZE ÖSTERREICH, KÜNSTLER: WU SHAOXIANG

Der Schilling, die Münze; formbares Element.
Material zur Versinnbildlichung menschlicher Träume, Hoffnungen, Ängste.
Was wird werden?
Wer bin ich ohne dich?
Auch jetzt noch erlaubst du Dramatik und Üppigkeit.
Vordergründig metallenes Arbeitsmaterial für kulturschaffendes Volk.
Zugleich aber lustvoll alle Sinne schärfend, da vormals bare Münze.
Ursprünglich mitunter Objekt.

WU SHAOXIANG

Angebetet, begehrt.
Verändert in der oberflächlichsten aller Seinsfragen.
Nicht die Spur verschwunden.
Kult, Kunst und Alltäglichkeit?
Wer wagt zu werten?

WU SHAOXIANG

WU SHAOXIANG

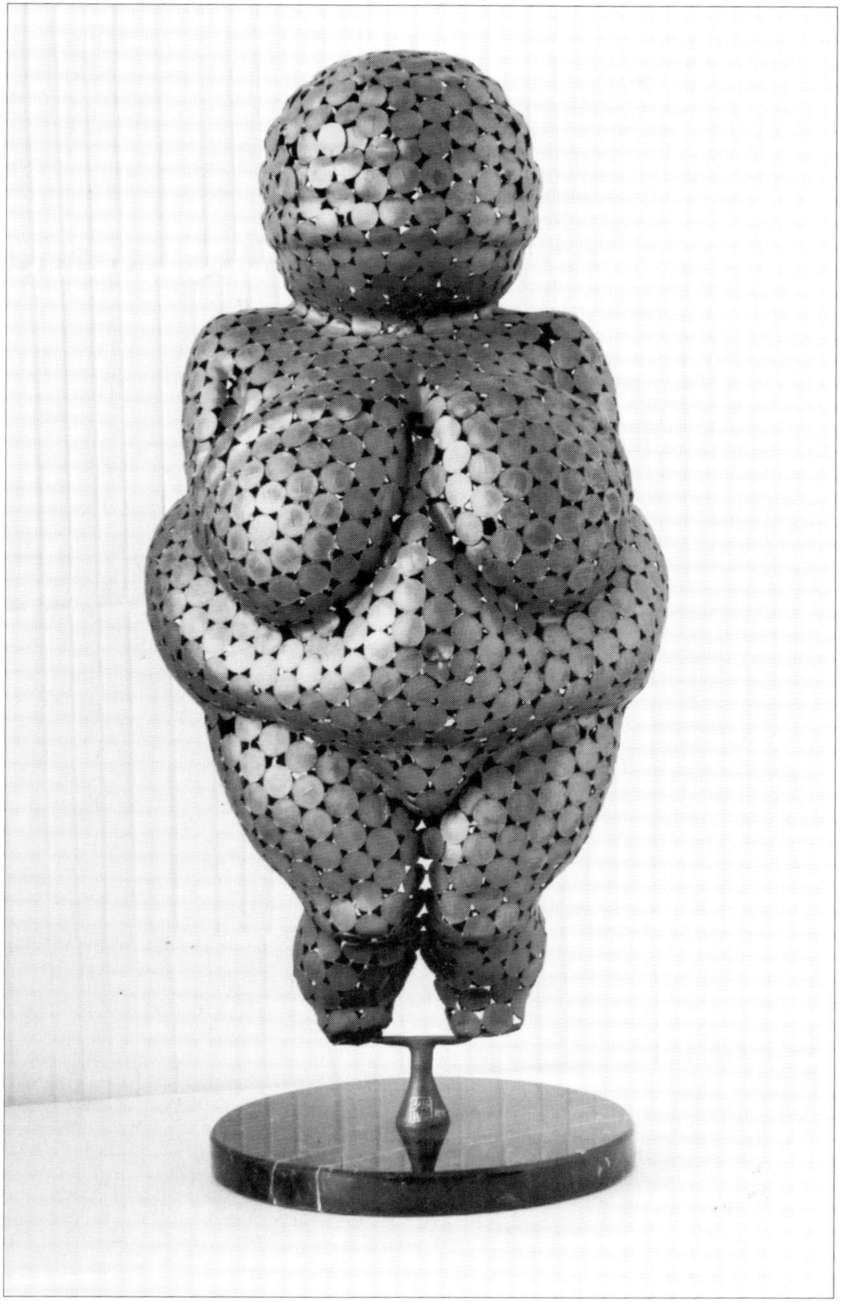

WU SHAOXIANG

## Schmuck, Schmuck

Sich zeigen, des Menschen Los.
Aufwühlend, schmuck zu sein, dort wo man gesehen wird.
Schmuck um seiner selbst willen?
Herrlich!

FIRMA POINTNER

War es altertags möglich, Schillinge gegen Schmuck zu tauschen, fällt nun ein ganzer Teil dieses Werttauschgeschehens aus.
Warum nicht gleich schmuck durch Schmuck aus jener Kostbarkeit, die schon immer das Haben von glänzender Körperzierde möglich machte?
Der Schilling als Schmuckstück.
Geküsst im Rausch des Besitztaumels.
Sorgsam poliert erneut ins rechte Licht gerückt.
Tot gewechselt und wieder auferstanden im Blickfenster der Juwelierin, des Juweliers.

SCHÖLLER MÜNZHANDEL

Wer wagt es nun, sich und der Welt den Spiegel vorzuhalten, der Unsicheren vordergründig wie materialistisches Geprotze reinsten Wassers erscheinen mag? Der Ästhet ist es.
Sich umwegfrei des schmucken Zaubers der baren Münze hingeben.
Vielleicht auch sich bekennen.
Zum Wert und zur Schönheit des schmucken Rundes.
Er ziert und verschönert, wer ihn zu tragen weiß.
Schmuckschilling.
Schillingschmuck.

SCHÖLLER MÜNZHANDEL

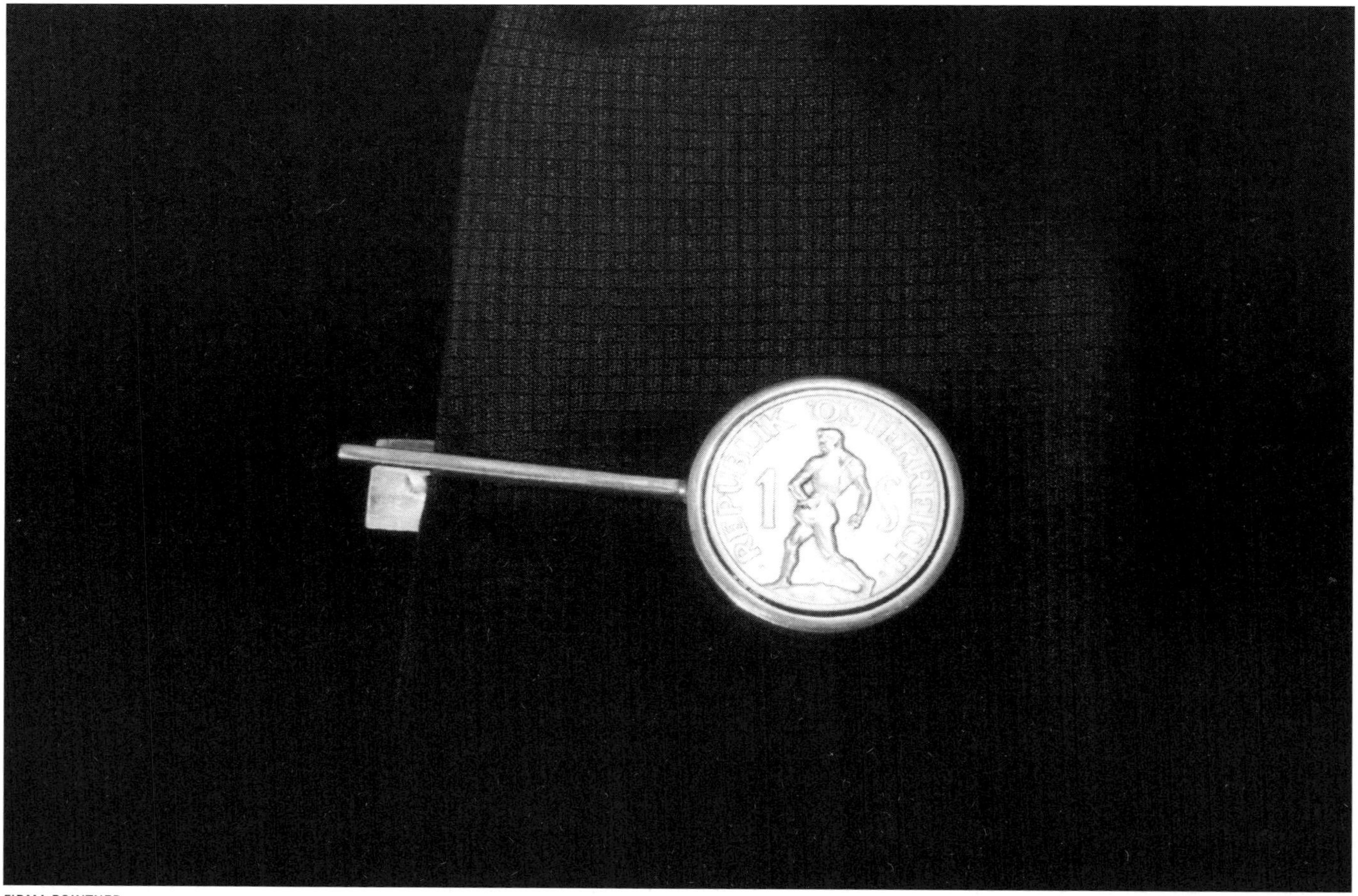


FIRMA POINTNER

FIRMA ZEILERMAYER

## Da fuhr der Zug drüber

Zu hinterfragen, was geschieht, wenn künstlerische Prozesse den geraden Weg des Alltags zu einer Biegung verleiten, lohnt oder auch nicht.
Manchmal,
freilich bei weitem nicht immer,
lohnt es jedoch, das Resultat eines solchen Prozesses zu hinterfragen.
Da fährt der Zug drüber.
Eine Redewendung.
Eine Metapher?
Über unseren Schilling fuhr der Zug. Unbarmherzig.
Ein Aktionist betrachtete dieses Geschehen und schon fuhr auch über so manches 10 Groschen Stück der Zug drüber.

ZEHNERLHAUS AIGEN

Immer nur Kleingeld gewesen. Von Wert nur für Gröschler.
Nun plötzlich durch Könnerhand, durch Künstlerhand verwandelt zu einem Schutzschild aus Licht und Freude.
Bewahrt für alle, die sehen wollen, worüber da der Zug fuhr.
Bewahrend, weil beständig und kunstvoll angerichtet, aneinander gereiht, eingebettet, um Wertvolles noch wertvoller zu machen.
Auch wenn unabwendbar der Zug drüber fuhr.

ZEHNERLHAUS AIGEN

Das Zehnerl wurde Fassade.
Gezählte Münzen, ungezählte Stunden waren Not, um dieses Haus in bare Münze zu kleiden.
Auch wenn der Zug drüber fuhr - der Wert jedes einzelnen Unikates, der Wert des im hellen Taglicht schimmernden Zehnerlhauses ist dennoch enorm. Eigentlich unbenennbar.

ZEHNERLHAUS AIGEN

## Da fuhr der Zug drüber

Das »Zehnerlhaus«

Das »Zehnerlhaus«, wie das Gebäude mitten im Ort Aigen genannt wird, ist eines der Gründungshäuser der Mühlviertler Gemeinde. Seine Geschichte ist interessant, die Menschen, die es bewohnten, liebenswert. Das Haus »4120 Aigen 50«, so die genaue Adresse, war sogar auf dem Aigner Notgeld abgebildet. Beinahe dem Verfall preisgegeben, sah der renommierte Künstler Joachim Eckl die Notwendigkeit, dieses geschichtsträchtige Bauwerk so zu erhalten, dass es einerseits nach allen Regeln der Restaurationskunst in seinem ursprünglichen Stil erhalten bleibt, andererseits aber auch so, dass sich der Bogen zur zeitgenössischen Installation und zur gesellschaftskritischen Aussage schlagen lässt.
Im Zehnerlhaus spiegelt sich nicht nur die Sonne. Es reflektiert der Betrachter auch sein persönliches Empfinden, welches dem Wandel der Zeit untergeordnet ist.
Heute ist das Haus Aigen 50 im Besitz von Dr. Thomas Eckl.

40000 Münzen waren notwendig, um die Fassade gänzlich mit 10 Groschen Stücken zu verkleiden. Sie sind in mühevoller Kleinstarbeit in Sgrafitto eingelegt. Bevor dies jedoch geschehen konnte, legte der Künstler zwei Jahre lang Groschenstück um Groschenstück auf die Schienen der Mühlkreisbahn. Durch die dadurch entstehende Verformung verlor die Münze ihren Kaufwert, gewann jedoch durch ihre daraus resultierende Einmaligkeit ideellen Wert, den Wert eines künstlerischen Unikates.
»Über unsere Schilling-Währung fährt der Zug drüber« ist die symbolträchtige Überschrift der Aktion des Mühlviertler Künstlers.
Wie viele Stunden Arbeit es gekostet hat, bis das Zehnerlhaus fertig gestellt war, lässt sich bestenfalls grob schätzen. Alleine die eigentliche Fassadeneinlegearbeit forderte zumindest rund 2000 Stunden.

## Mit allen Wassern gewaschen

Nicht zu glauben, wie durchtrieben im wahrsten Sinne des Wortes du mitunter nun fortbestehst.
Nicht zuletzt hat die Industrie deine Belastbarkeit über die Geldwertgültigkeit hinaus erkannt. Wenn deine grobstoffliche Ebene auch nichts mehr von deiner Ausstrahlung und der Kunst, Glanz in Menschenaugen zaubern zu können, verrät, bist du dennoch geblieben, was du immer warst: hart, beständig, belastbar und ein verlässlicher Begleiter.

FIRMA ENZESFELD-CARO

Man mischt dich mit anderen Materialien, gewiss.
Man schmilzt, kocht, legiert, komprimiert dich und gibt dir einen weiteren Namen: Werkstoff.
Bunt widerspiegelnd die kostbarsten Elementefarben während deiner Verwandlung.

FIRMA ENZESFELD-CARO

FIRMA ENZESFELD-CARO

FIRMA ENZESFELD-CARO

FIRMA ENZESFELD-CARO

FIRMA ENZESFELD-CARO

Unerhört vielseitig und bunt deine neue Bestimmung, deine Aufgaben.
Du präsentierst dich nun für jene, die dich nicht mit jeder Faser kennen - nicht mehr erkennbar - als metallenes Mischbollwerk gegen die Kräfte der See,
als Wasser einschließender Schutzmantel,
als Wasser ausschließender Schutzmantel.
Du zeigst dich von imponierender Zähigkeit, ganz so, wie in früheren Tagen.
Ohne dass sie es wissen, bist du im Leben vieler nach wie vor von großer Bedeutung.

FIRMA BUNTMETALL

FIRMA BUNTMETALL

FIRMA BUNTMETALL

FIRMA BUNTMETALL

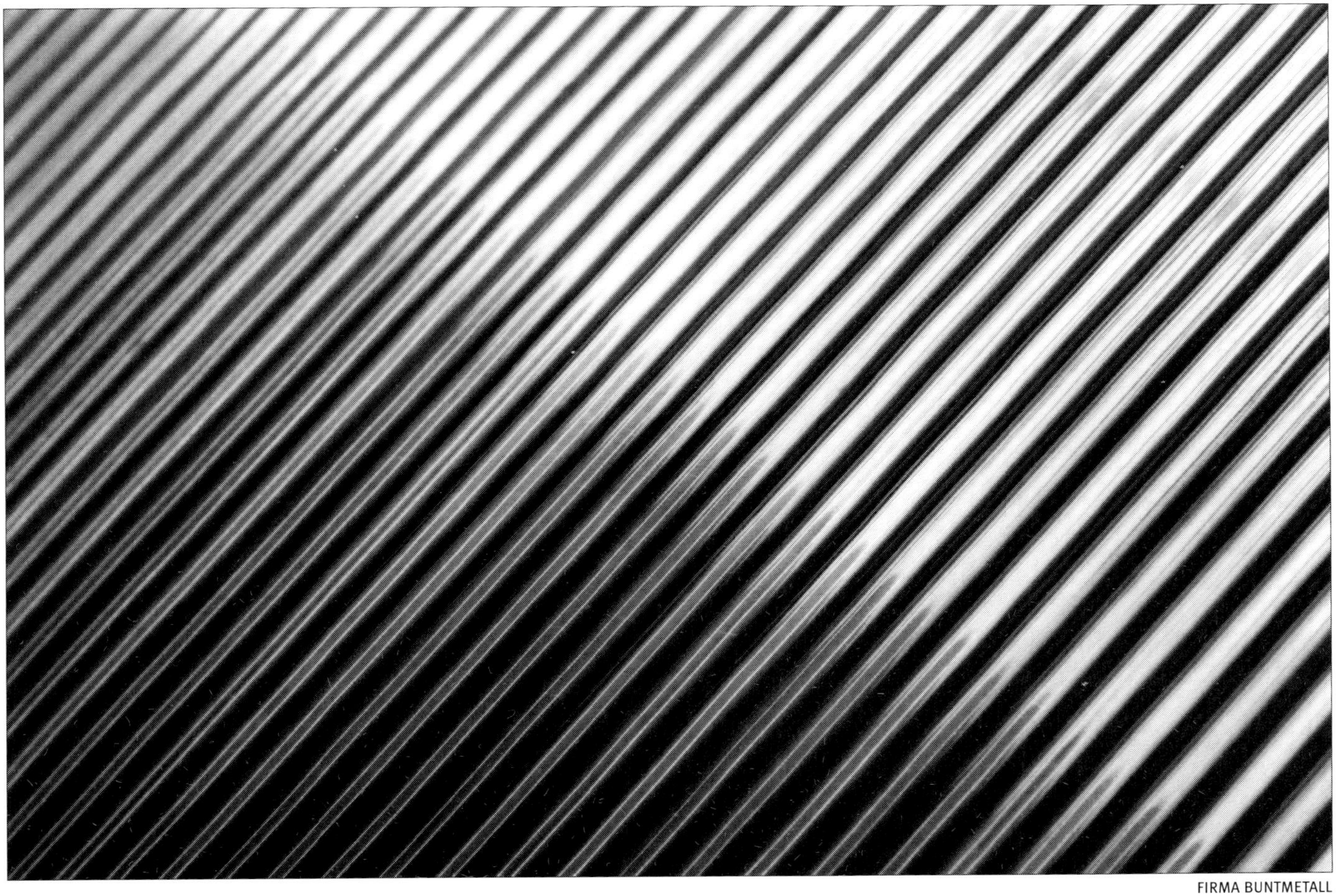

FIRMA BUNTMETALL

Du gibst dich und umgibst.
In deiner Art noch immer Unheil von uns fernhaltend, bist du ein Teil unserer Welt. Jetzt jedoch ist sie nicht mehr nur die österreichische Schillingwelt. Du bist in Übersee genauso zuhause wie vor der eigenen Haustür.
Dich in dem zu erkennen, was du heute bist, ist erregend spannend und schafft zugleich Trost.
Nichts, das geliebt wurde, kann ohne Spuren zu hinterlassen, ausgelöscht werden.
Alles ist im Fluss.
Alles ist Leben.

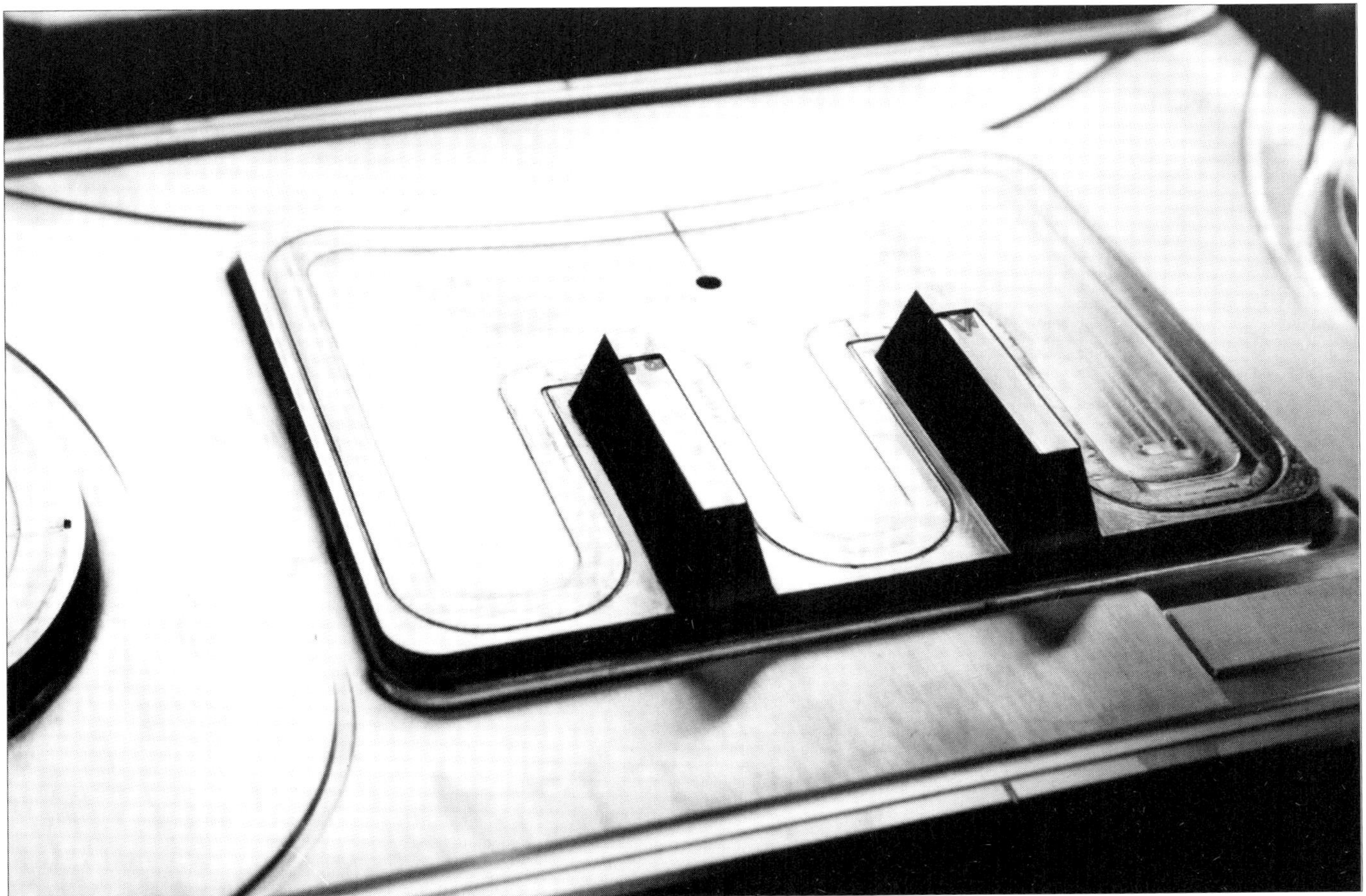

FIRMA HAIDLMAIR

FIRMA HAIDLMAIR

FIRMA HAIDLMAIR

## Mit allen Wassern gewaschen

Die Schillingmünzen werden von der Industrie in den verschiedensten Bereichen eingesetzt bzw. zu den verschiedensten Legierungen mit anderen Metallen eingeschmolzen und weiterverarbeitet. Kupferlegierungen sind ein wichtiger und vielseitig verwendbarer Rohstoff. In Drähten, Stangen, Rohren, Profilen etc. sind Münzen beigefügt, die daraus entstehenden Legierungen eignen sich durch ihre hervorragenden Eigenschaften (hohe Zähigkeit, auch bei Temperaturen bis 400 Grad Celsius, ausgezeichnete Wärmeleitfähigkeit, Korrosionsbeständigkeit, Belastbarkeit in Dauer- und Zugfestigkeit, gute Gleiteigenschaften und vieles mehr) für die unterschiedlichsten Produktionsbereiche. So wird, und dies ist nur eine verschwindend kleine, als Beispiel gedachte Einsatzmöglichkeit, die Herstellung von seewassertauglichen Rohren, Hochdruckarmaturen und Hydraulikventilen höchster Druckstufe, Hochleistungslagern, Rippenrohren, Kondensatoren, funkenfreien Werkzeugen, Bolzen und Schrauben, Kunststoffspritzwerkzeugen im Formenbau erwähnt. Kupferlegierungen sind in fast allen Lebensbereichen ein unverzichtbarer Werkstoff. Vielen sind nun Schillingmünzen beigefügt.

## Zum Schein

Nicht nur die Münze hat ihr Gesicht verändert.
Auch der Schein trügt.
Vormals glitt er als Unverkennbarer von Hand zu Hand.
Heute sind Wissen und Interesse vonnöten, um ihm wieder zu begegnen.
Heime zu errichten half er.
Oft wurde der Wert eines Daheims in Scheinen beziffert.
Doch auch heute steht er, der Schillingschein, nicht selten für wohlige Heime.
Wer ein Heim besitzt, ein Dach über dem Kopf, ist vor vielem geschützt.
Vor Blicken.
Vor rauen Winden.
Vor Kälte.

FIRMA THERMOFLOC

Wenn man ihn, den Schein früherer Tage, auch nicht mehr erkennt, sorgt er doch - zerfleddert, durchmischt und in Form gepresst - immer noch für Schutz.
Nur zum Schein verschwunden.
Nur als Schein verschwunden.
Zwischen Mauern immer noch den Menschen dienend, sorgt er letztendlich für Wohlfühlen, weil Wärme.

FIRMA THERMOFLOC

# Zum Schein

Innovative Betriebe kaufen zerkleinerte Schillingscheinschnitzel an und mengen sie je nach Rezeptur anderen Zellulosefasern bei. Das so gewonnene Ausgangsprodukt wird in umweltfreundlicher Technologie in eine kleine Zylinderform gepresst und stellt nun einen hochwertigen Dämmstoff dar. Das Einsatzgebiet dieser Dämmpellets ist vielseitig, sie dienen als Isolierung für Fußböden, Decken und Wände, sind als Dachdämmstoff geeignet und liefern letztendlich sehr gute Schalldämmwerte. Diese Zellulosefaserdämmteilchen werden von Professionisten (u.a. im Einblasverfahren beim Wanddämmeinsatz) gleichermaßen wie von Heimwerkern (Ausgießen aus Säcken) verwendet.

## Klimpern gehört zum Geschäft

Wer auch immer glaubte, dass der Schilling für ihn verloren sei seit jenem 1. Jänner 2001, könnte sich jederzeit eines Besseren belehren lassen, soferne er die feinstoffliche Welt und ihre Seelen anerkennt. Wie unwahrscheinlich pfiffig, dass auch des Schillings Ablöse nicht ohne Schilling ist!

MÜNZE ÖSTERREICH

Wie könnte sie auch.
In kleinen Mengen dem Euro zugemischt, lässt sich mit geschlossenen Augen für einen Wimpernschlag lang der Schilling erfühlen.
Freilich vermag das nicht jeder.
Freilich gelingt es nicht immer.
Doch die Seele des Schillings lebt im Euro weiter.
Und Klimpern gehörte für ihn jeher zu seinem Geschäft.
Zu jedermanns Geschäft.

MÜNZE ÖSTERREICH

Wenn Euros klimpernd zu Boden fallen, Augen sich schließen und
Herzen sich öffnen, ist ein Hauch von Schilling spürbar.
Die Seele des Schillings tönt feinest und leisest nebenher.
Wer hören will, hört auch.

MÜNZE ÖSTERREICH

## Klimpern gehört zum Geschäft

Auch der neuen Währung werden »alte« Schillingmünzen beigemengt. Bei der Kostenfrage für den Euro war natürlich auch das Rohmaterial ein Thema. Glücklicherweise eignet sich die Kupfer-Nickel-Legierung der verstalteten Schilling- und 50 Groschenmünzen als Beimischung der nun produzierten Euro-Plättchen. Wirtschaftlich ist das für Österreich auf jeden Fall erfreulich.

## Wie alles begann

1924 war die Geburtsstunde unseres durch den Euro abgelösten Schillings, wenn sein Name auch in alten Urkunden aus der Zeit um Mitte des 6. Jh. erwähnt wird bzw. aus dieser Erwähnung die Ableitung unseres »Schilling« von »Skilliggs« zulässig ist. Sein 75-Jahr-Jubiläum bewegte Österreich, war es doch auch zugleich die Geburtsstunde des Euro und hieß demnach, sich auf den Abschied vorzubereiten. Dass dieser Abschied den Österreicherinnen und Österreichern nicht leicht gefallen ist, spricht aus den verschiedensten Gründen eine klare Sprache. Der Schilling begleitete unser Land auf dem Weg nach oben. 1924, als man mit seiner Einführung auch der Krone als Zahlungsmittel, einem Symbol aus der k. u. k. Zeit, ein Ende setzte, wollte man durch ihn natürlich zusätzlich den Wunsch nach neuen Ufern ausdrücken.
Sorgfältig wählte man sein Erscheinungsbild, ließ bei der Auswahl der Münz- und Geldscheinmotive vielerlei Möglichkeiten im Spiel.
In der zweiten Hälfte der dreißiger Jahre hatte der Schilling geschafft, was viele nicht für möglich gehalten hätten: er war zu einer der härtesten Währungen der Welt geworden. Freilich war der Preis dieser Hartwährungspolitik hoch und ging mit erschreckender Arbeitslosigkeit und einer vor sich hin kränkelnden Wirtschaft einher.
Mit dem Einmarsch Hitlers in Österreich wurde der Schilling im März 1938 ohne lange zu fackeln abgeschafft. Ersetzt wurde er durch die Reichsmark, welche während des Zweiten Weltkrieges nun als Zahlungsmittel diente.
Nach dieser grauenvollen, beschämenden Epoche der Geschichte verschwand auch die Reichsmark wieder aus den Geldbörsen der Österreicherinnen und Österreicher.

Am 27. Mai 1945 verkündete die provisorische Regierung die Unabhängigkeit Österreichs, was gleichsam bedeutete, dass nun die Zweite Republik geboren war. Durch das Wiederauferstehen der Republik, des unabhängigen Staates Österreich, stand auch der Wiedereinführung des Schillings nichts mehr im Wege.
Der erste, zwischen 1947 und 1961 im Umlauf gewesene Schilling war aus Aluminium, ließ auf der Revers-Seite einen kraftvoll ausschreitenden Sämann sehen, auf der Avers-Seite das Bundeswappen mit Adler. Der Entwurf für diese Einschilling-Münze stammt aus der Hand des Künstlers Michael Powolny.
Mit dem Schilling ging es nach neuerlich wirtschaftlich harten Zeiten steil bergauf. Dass die Kaufkraft des Schillings immer wieder schwere Rückschläge erlitten hatte, tat seinem Ruf allerdings keinen Abbruch. Im Inland wurde er zum Statussymbol, stand für Wohlstand und Sicherheit. Er wurde auch im Ausland hoch geschätzt, war als Hartwährung immer ein Stabilitätsfaktor in der Wirtschaft. Sicherlich mit ein Grund, dass viele Österreicherinnen und Österreicher seine Ablöse durch den Euro mit leiser Trauer betrachteten. Wird der Euro uns in ebensolcher Art und Weise begleiten können? Eine Frage, die die Zeit beantworten wird.
Eines jedoch mag der Umstellung vom Schilling auf die Europawährung Euro den Schrecken genommen haben: Im Gegensatz zu früheren, mit Entwertung, Krieg oder sonstiger Schreckensszenarien in Verbindung stehenden Ereignissen, ist der Schilling-Euro-Tausch ein rein technischer, wenn man so will »geordneter« und gewollter Akt.

1 SCHILLING, PARLAMENT 1924 / 10 GROSCHEN, 1924

NICKELSCHILLING 1934/35

SÄMANNSCHILLING 1946/58

SCHILLING 1968
REPUBLIK ÖSTERREICH
SCHILLING 1998
REPUBLIK ÖSTERREICH
SCHILLING 1976
10
REPUBLIK

## Vollzogen

Die Münze Österreich AG startete im Herbst 1998 mit der Produktion des Euro, der ab 1. Jänner 2002 in der gesamten Eurozone Zahlungsmittel wurde. Eine ungeheure Menge frisch geprägter Münzen füllte die streng gehüteten Tresore, europaweit mussten die damals den Euro einführenden Länder dafür sorgen, dass rechtzeitig insgesamt 70 Milliarden Stück der neuen Münzen vorhanden sein würden.
Die Gestaltung der Rückseiten des Hartgeldes ist jedem Land selbst überlassen. Es spannt sich der Bogen der Abbildungen von geschichtsträchtigen Bauwerken, Kunstfiguren bis hin zu Königen. Österreich bringt mit Wolfgang Amadeus Mozart nicht nur sein Gespür für Kunst und Schöngeistigkeit zum Ausdruck, sondern sorgt auch für eine leichte Zuordenbarkeit unserer Euro-Münze. 1997 wurden jene Künstler, die ihre Entwürfe zur Gestaltung des Euro bereits für die allgemeine Seite eingereicht hatten, wiederum gebeten, sich im Rahmen eines Wettbewerbes mit der nationalen Seite des Euro zu beschäftigen. Eine Jury befasste sich sehr eingehend und immer das »typisch Österreichische« im Auge behaltend mit den vorgelegten Entwürfen. Letztendlich konnten die Arbeiten von Prof. Josef Kaiser, geboren am 10. März 1954 und seit 1980 in Wien an der Universität für angewandte Kunst tätig, überzeugen. Die gemeinsamen Seiten der Euro- und Centmünzen entwarf ein Mitarbeiter der Königlich Belgischen Münze, Luc Luycx.
Wenn auch von langer Hand geplant und gut organisiert ging doch die Umstellung auf den Euro bei manchen höchst zögerlich über die Bühne. Mit dem Schilling verknüpften die »Östereicherinnen und Österreicher« Stabilität und wirtschaftliche Sicherheit. Man vertraute ihm, war stolz auf ihn und konnte sich - Krisen in Nachbarländern betrachtend - immer wieder beruhigt zurücklehnen und das sichere Gefühl der Beständigkeit unseres Geldes genießen.

Viele Österreicherinnen und Österreicher fragten sich, warum die harte und hoch angesehene Währung aufgeben und sich auf Ungewisses einlassen. Bei der älteren Generation, die Kriege und Inflation miterleben musste, gesellten sich längst überwunden geglaubte Verlust- und Existenzängste dazu. Freilich nahmen die »Euro-Werber« diese Bedenken ernst. In groß angelegten Werbeaktionen wurden die Menschen auf den Euro vorbereitet und man versuchte, gute Stimmung für ihn zu machen. Älteren Menschen versuchte man mit Euro-Brettspielen den Umgang mit dem neuen Geld zu erleichtern. Und doch sah man dem Euro nicht allzu euphorisch entgegen. Die Wirtschaft hingegen sah von vorne herein ihre Chance auf bessere Wettbewerbsfähigkeit und reibungsloseren Geldverkehr innerhalb der EU. Auch die Tourismusbranche hielt sich mit ihrer Freude über die Einführung des Euro nicht bedeckt.

Nach und nach lernten alle, mit dem Euro umzugehen, söhnten sich mit ihm aus und lernten ihn schätzen. Längstens nach der ersten Euro-Urlaubssaison erkannten die meisten, dass der Euro nicht nur ein bequemeres Reisen bescherte, er brachte zudem die Vergleichbarkeit der Preise in den verschiedenen Nachbarländern. Ein Vorteil, den viele für sich entdeckt haben und in ihrem Konsumverhalten berücksichtigen. Nicht zuletzt für Münzsammler ist der Euro ein wahre Freude. Bereits wenige Monate nach der Ausgabe der sogenannten »Startpakete« (Münzen im Wert von 14,54 Euro für den ersten Einkauf im Jahr 2002) werden diese als Rarität gesammelt und getauscht. Ebenso verhält es sich mit den kompletten Erst-Münzsätzen der Euro-Länder.

NATIONALBANK LINZ

NATIONALBANK LINZ

ZERKLEINERTE BANKNOTEN

ZERKLEINERTE, GEPRESSTE BANKNOTEN

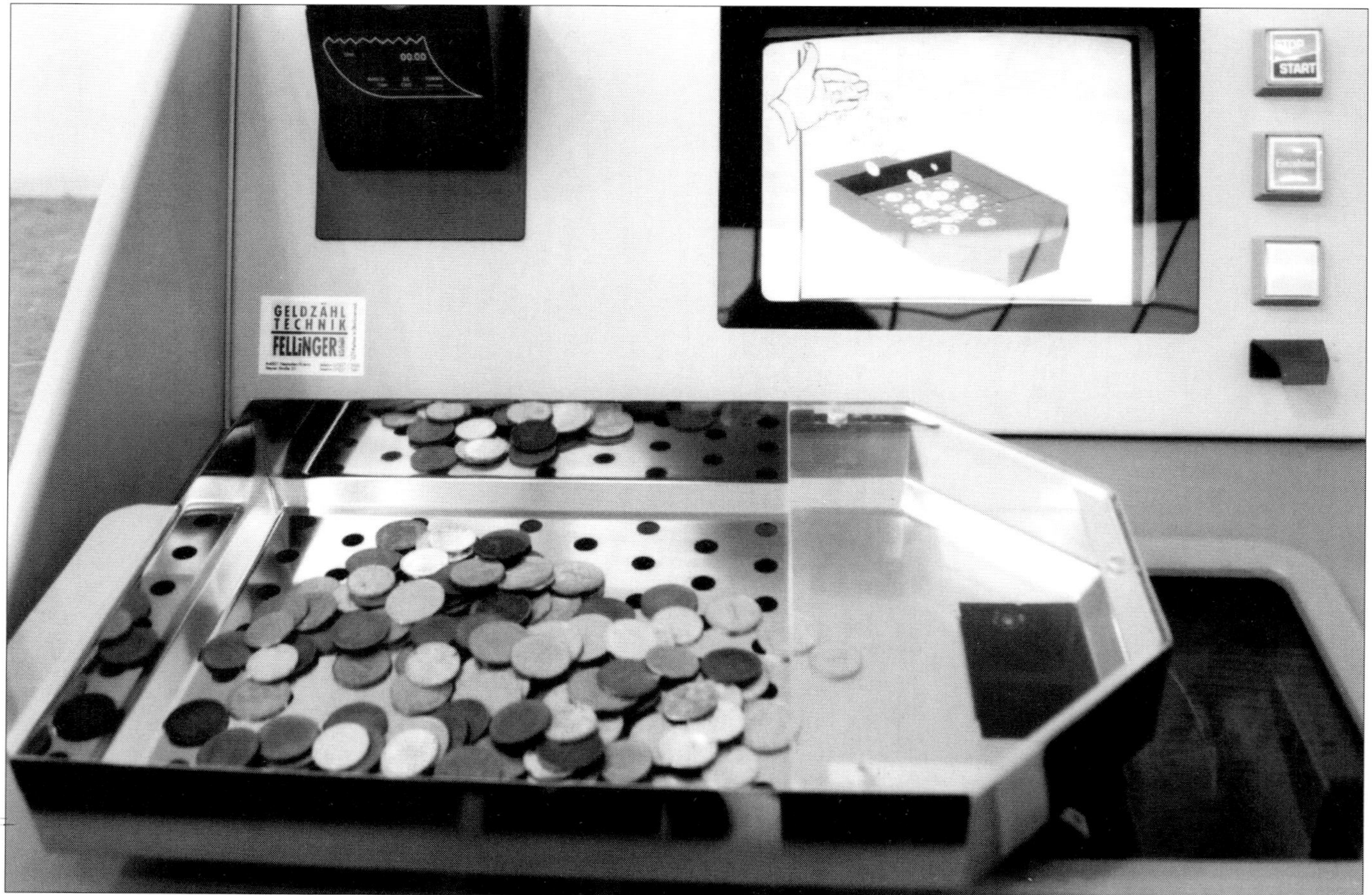

NATIONALBANK LINZ

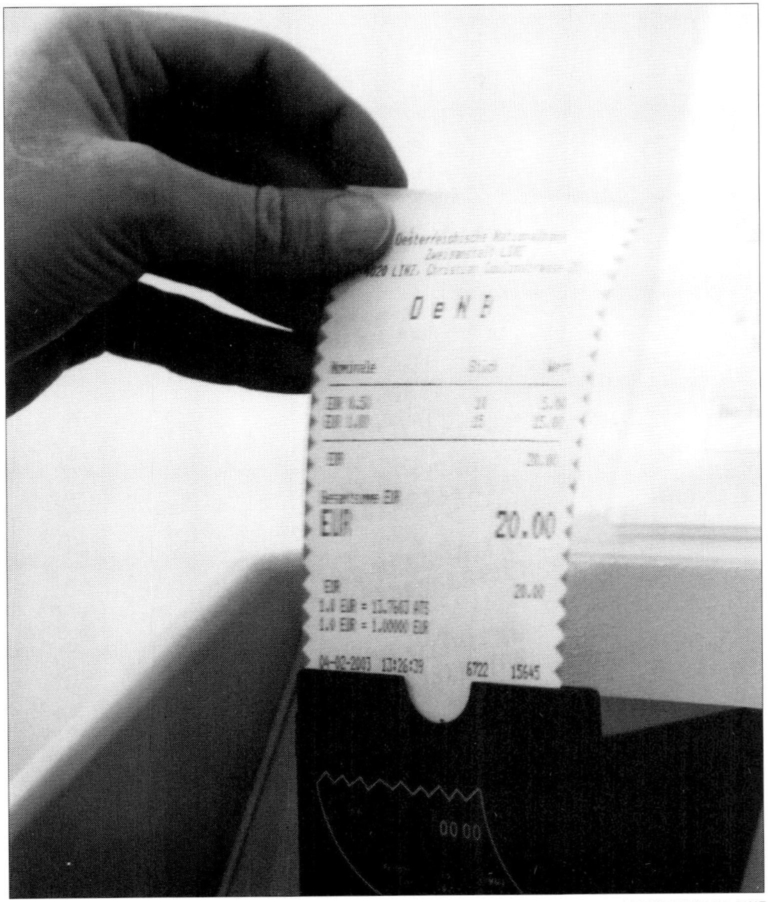

NATIONALBANK LINZ

## Die letzten Schilling Banknoten

Auf Schilling lautende, umlauffähige Noten

**20 Schilling,**
Datum 1. Oktober 1986, Ausgabe 19. Oktober 1988
**Vorderseite:** Moritz Michael Daffinger, geboren am 24. Jänner 1790 in Wien, gestorben am 21. August 1849 in Wien. Einer der bedeutendsten Aquarellisten des Biedermeier.
**Rückseite:** Albertina, eine der größten grafischen Sammlungen der Welt mit einem einzigartigen Bestand an Grafiken von Albrecht Dürer. Gebäude erbaut 1742 bis 1745 als Palais Taroucca, später erweitert und mit Studiensaal und Minervahalle nach Entwürfen von Josef Georg Kornhäusel ausgestattet.

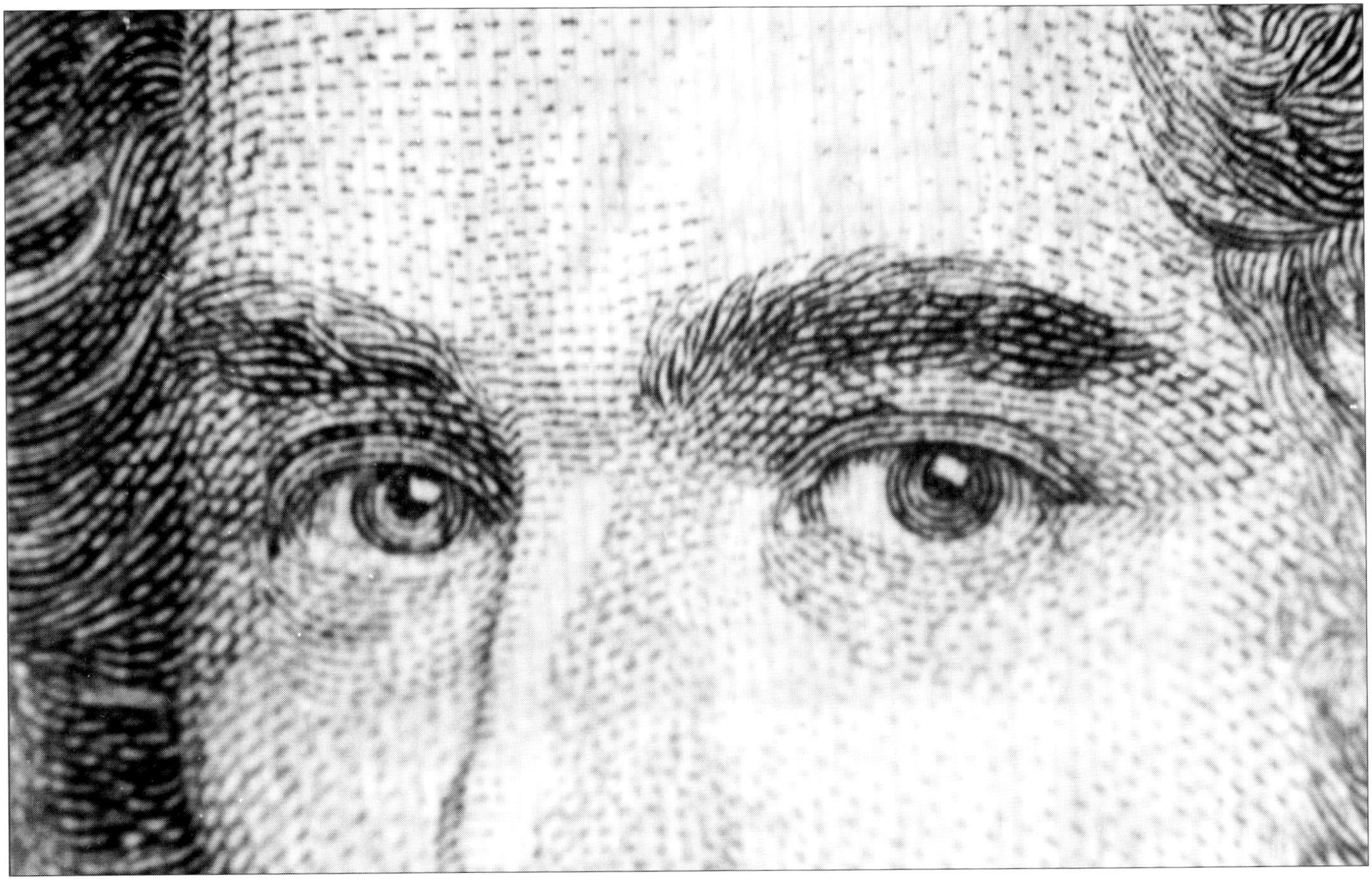

**50 Schilling,**
Datum 2. Jänner 1986, Ausgabe 19. Oktober 1987
**Vorderseite:** Sigmund Freud, geboren am 6. Mai 1856 in Freibung (Pribot) in Mähren, gestorben am 23. September 1939 in London. Begründer der Psychoanalyse, Lehre vom Unbewussten.
**Rückseite:** Josephinum Wien, erbaut unter Joseph II in den Jahren 1782 bis 1785 von Isidor Canevale. Beherbergt seit 1920 das Institut für Geschichte der Medizin mit einer weitläufigen Sammlung anatomischer Wachspräparate.

**100 Schilling,**
Datum 2. Jänner 1984, Ausgabe 14. Oktober 1985
**Vorderseite:** Eugen Böhm von Bawerk, geboren am 12. Februar 1851 in Brünn (Brno), gestorben am 28. August 1914 in Kramsach/Tirol. Renommierter Nationalökonom, ab 1911 Präsident der Akademie der Wissenschaften, begründete mit Karl Menger und Friedrich Wieser die Österreichische Schule der Nationalökonomie (Grenznutzentheorie).
**Rückseite:** Akademie der Wissenschaften, erbaut 1735 bis 1755 von Jean Nicolas Jado de Ville-Issey als Aula der Alten Universität, seit 1857 Sitz der Akademie der Wissenschaften.

**500 Schilling,**
Datum 1. Jänner 1997, Ausgabe 20. Oktober 1997
**Vorderseite:** Rosa Mayreder, geboren am 30. November 1858 in Wien, gestorben am 19. Jänner 1938 in Wien. Führende Theoretikerin der Frauenbewegung, Malerin und Schriftstellerin, gründete 1893 den Allgemeinen Österreichischen Frauenverein.
**Rückseite:** Gruppenbild der Teilnehmerinnen des Bundestages Österreichischer Frauenvereine in Wien 1911. Porträts von Rosa und Karl Mayreder.

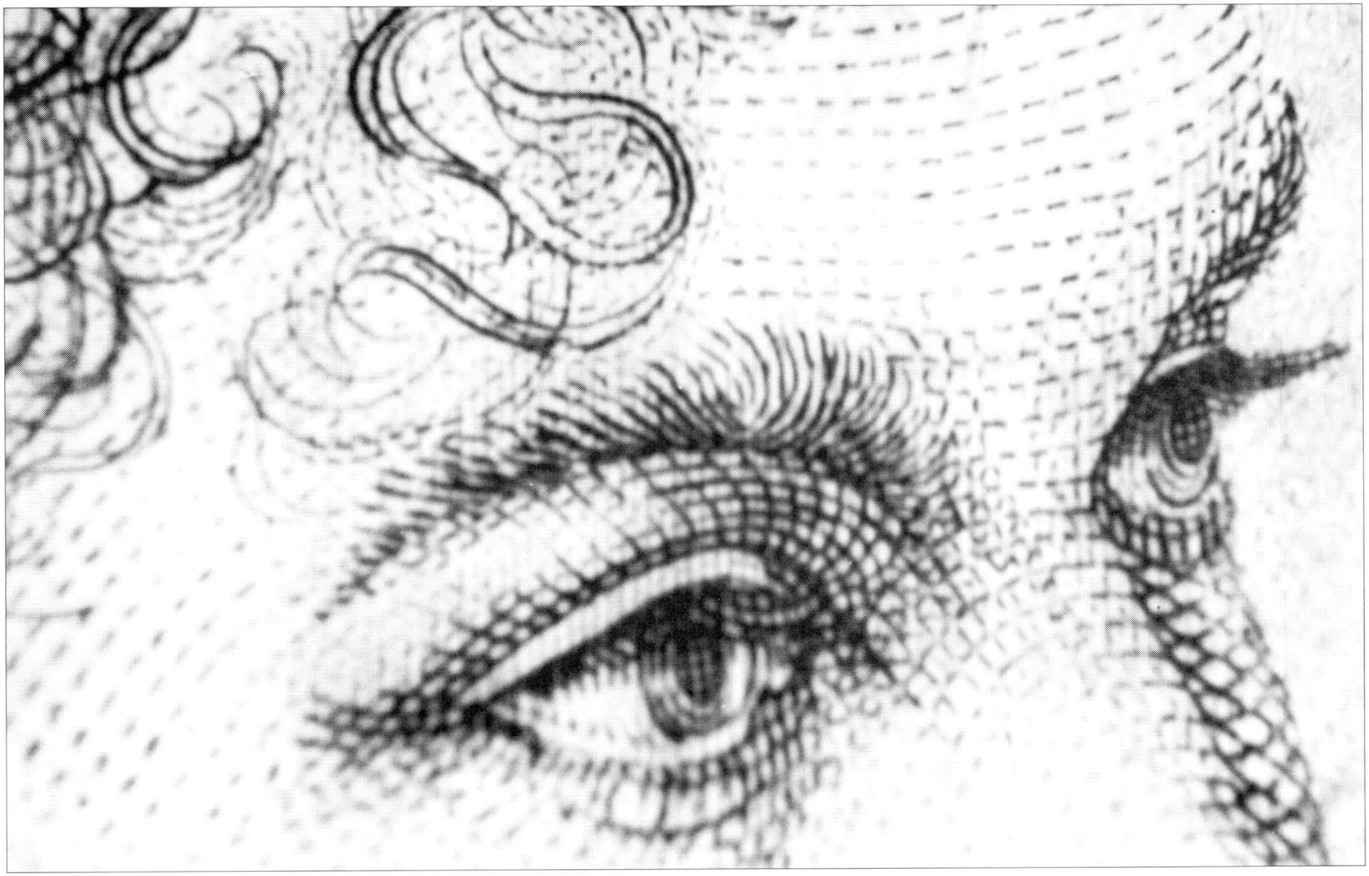

**1000 Schilling,**
Datum 1. Jänner 1997, Ausgabe 20. Oktober 1997
**Vorderseite:** Karl Landsteiner, geboren am 14. Juni 1868 in Baden bei Wien, gestorben am 26. Juni 1943 in New York.
Wissenschaftler auf medizinischem Gebiet,
erhielt 1930 für die Entdeckung der Blutgruppen den Nobelpreis für Medizin, 1940 entdeckte er den Rhesusfaktor.
**Rückseite:** Karl Landsteiner in seinem Labor im Pathologisch-Anatomischen Institut der Universität Wien. Modell eines Polio-Virus und stilisierte Form des Vorganges der Blutgruppenbestimmung.

**5000 Schilling,**

Datum 4. Jänner 1988, Ausgabe 17. Oktober 1989

**Vorderseite:** Wolfgang Amadeus Mozart, geboren am 27. Jänner 1756 in Salzburg, gestorben 1791 in Wien.

Komponist, Hauptvertreter der Wiener Klassik.

**Rückseite:** Staatsoper Wien, erbaut 1861 bis 1869 von den Architekten Eduard Van Der Nüll und August Siccard von Siccardsburg, wurde am 25. Mai 1869 mit Mozarts Oper Don Juan eröffnet.

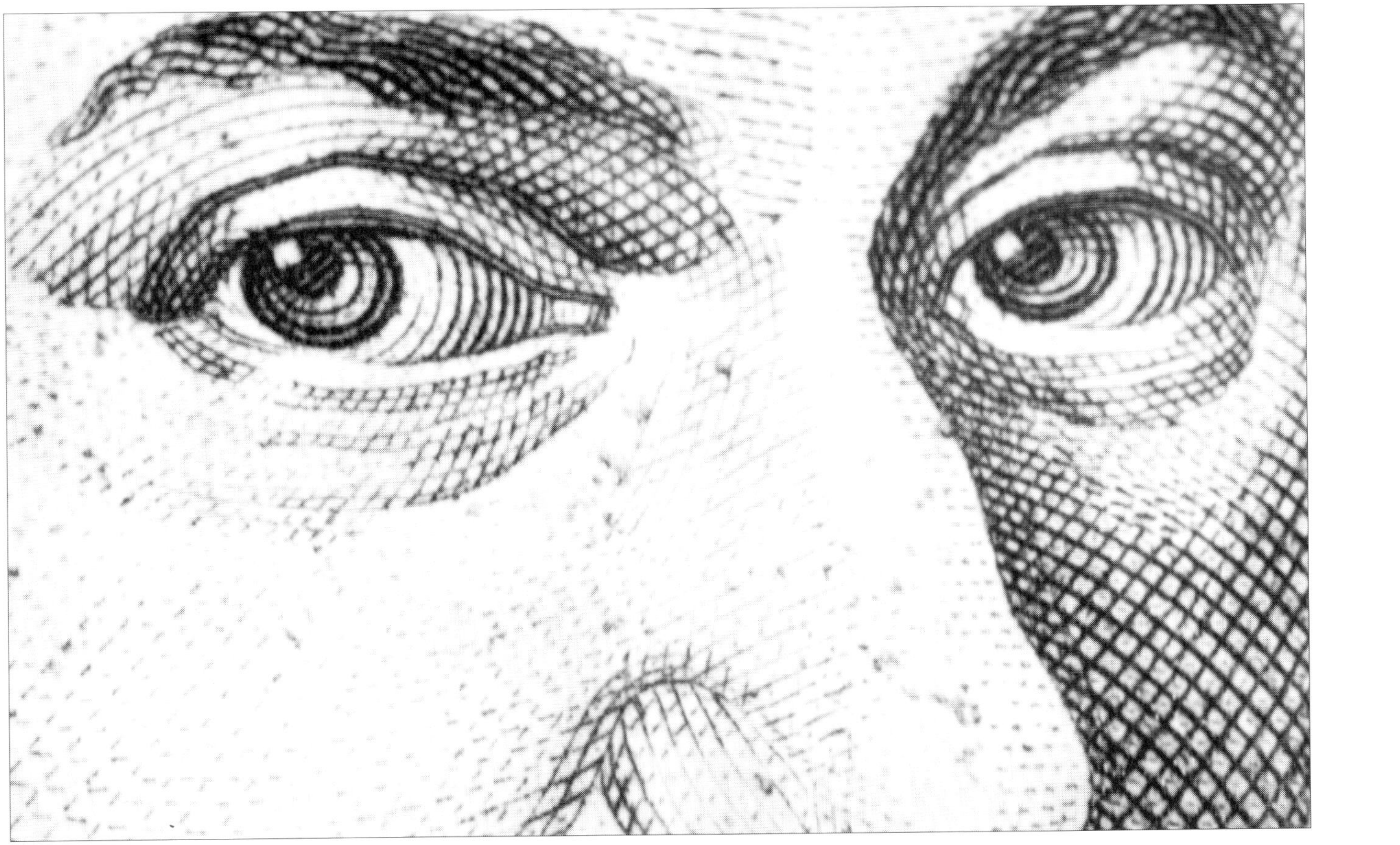

ZWANZIG SCHILLING
OESTERREICHISCHE NATIONALBANK
20
S 155282 S
ALBERTINA
ZWANZIG SCHILLING
FÜNFZIG SCHILLING
OESTERREICHISCHE NATIONALBANK
50
K 289623 D
JOSEPHINUM-WIEN
FÜNFZIG SCHILLING
HUNDERT SCHILLING
OESTERREICHISCHE NATIONALBANK
100
EUGEN BÖHM-BAWERK
EA86544B
HUNDERT SCHILLING
FÜNFHUNDERT SCHILLING
500
WIEN, am 1.1.1997
FÜNFHUNDERT
AB901939H
SCHILLING
TAUSEND SCHILLING
1000
TAUSEND
AF514186Y
SCHILLING
FÜNFTAUSEND SCHILLING
OESTERREICHISCHE NATIONALBANK
5000
WOLFGANG A. MOZART
B410118F
STAATSOPER
FÜNFTAUSEND SCHILLING

Monika Krautgartner
geboren am Pfingstsonntag 1961 in Ried im Innkreis,
lebt und arbeitet in Kirchheim, OÖ.
Die vielseitig begabte Autorin hat bereits zahlreiche Bücher veröffentlicht, u.a. »Krautlandschaften« (Lyrik), »Philosophisches über das menschlichste aller Geräusche« (Satire), »Frieden« (Poesie), »Bis´d heiratst wird´s wieder guat« (Mundart). Sie ist mehrfach ausgezeichnete Literaturpreisträgerin und erfährt auch für ihre Karikaturen und Federzeichnungen Anerkennung, »Goldener Fridolin 2003«. Krautgartner ist Gildenmeisterin der IKG, trägt das Goldene Ehrenzeichen des Stelzhamerbundes für Verdienste um die Mundartdichtkunst, sie ist Liedertexterin, Kolumnistin und Illustratorin.
Die zweifache Mutter hinterfragt die Dinge des Lebens immer sehr empirisch und wählt, daher ihre literarische Wandelbarkeit, ihre Ausdruckweise je nach der auf sie einwirkenden Stimmung.

Christine Derfler, lebt in Steyr, O.Ö.
Sie fotografiert seit ihrem 15.Lebensjahr. Ihr Studium an der Prager Fotoschule Österreich beeinflusste ihr künstlerisches Schaffen wesentlich. Bereits im Rahmen der Ausbildung erstellte sie viel beachtete Arbeiten. Zudem schuf die engagierte Kulturfrau Raum und Rahmen für junge Literaten und organisierte Vernissagen aufstrebender Nachwuchskünstler.
Mit der Autorin Monika Krautgartner verbindet Christine Derfler eine langjährige persönliche wie auch künstlerische Freundschaft.
Neben ihrer Leidenschaft zur Fotografie beschäftigt sie sich mit der Natur. Der großformatige Kunstkalender mit Bildnissen von Greifvögeln in seltener Qualität ist das Resultat dieser Passion. Derflers Arbeiten sind auf und in zahlreichen Publikationen zu finden.

Ausstellungen:
Mai 2000 Ausstellung in Steyr, Atelier Cafe. Dezember 2001 und 2002 Gemeinschaftssaustellung in Garsten. März 2003 Gemeinschaftsausstellung »Motiva« in Steyr, Rathaus.